L'ESCLAVE,

OU

LE MARIN GÉNÉREUX,

INTERMEDE EN UN ACTE;

RÉDIGÉ DE L'ITALIEN,

Et réprésenté en Province.

J'en ai fait de meilleurs ; *mais pour d'auſſi méchans* ,
Je me garderai bien de me nommer aux gens.

La Muſique eſt de M. N. PICCINI, Maître de
Chapelle à Naples.

Prix 24 ſols avec les airs notés.
La Partition de la Muſique ſe trouve aux adreſſes ordinaires.

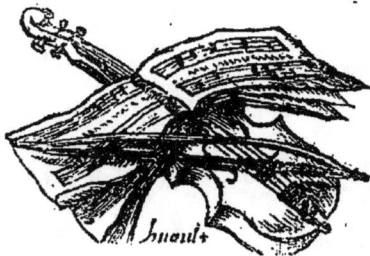

AUX DEUX-PONTS;

Et ſe trouve à Paris ,
Chez la Veuve D u c h e s n e , Libraire , rue Saint-Jacques ,
au Temple du Goût.

M. DCC. LXXIII.

NOTES.

CEs especes de traductions devroient être moins rares : outre qu'elles rendroient notre scène lyrique plus variée, elles empêcheroient les larcins continuels d'une partie de nos Musiciens, & aiguillonneroient l'émulation de l'autre. Cette Piéce ne trouvera donc pas l'approbation de la plûpart : aussi n'est-ce pas la leur que l'on brigue : c'est le suffrage de ceux qui n'aiment ni les Féeries, ni les Moutonnades, ni les Tragi-comédies lyriques.

L'original Italien étoit comme presque tous les Drames de ce Théâtre, un décousu de scènes mal dessinées & dialoguées à l'avenant : un changement successif de décorations inutiles, un désordre de chœurs qui ne finissent pas, pendant lesquels les Acteurs ont l'air de jouer sans cesse à la cachette comme les petits enfans, & de prendre les Spectateurs pour leurs Bonnes.

Au fait. Une jeune fille tient un Café, pour parler décemment, & loge sans façon le premier venu. Son amant dans sa tendre fureur court après elle l'épée à la main ; surpris il s'excuse, difant qu'il pourfuivoit un chat. Un Capitaine qui fe dit l'égal d'Her-cule, qui a défait lui feul les Maures, les Turcs & les Arabes, débarque tout exprès pour venir débiter des platifes, & a peur des Ours dans un pays où il n'y en a point. Son efclave plus courageufe, fort de nuit d'une ville qu'elle ne connoît pas, pour cour-rir des bois qu'elle n'a jamais vus. L'amant de la Cafetiére devenu perfide, cherche fa belle Efclave, dont il s'amufe à tracer le nom fur les arbres, & ce nom paroît tout éclatant au milieu des ombres; il la trouve enfin endormie par fes foucis : elle s'éveille, & lui parle : loin d'être enchanté de trou-ver l'objet qu'il cherche, il en a peur, & le prend pour une ombre des Champs Eli-fées, quoiqu'ils fe foient quittés il y a un quart d'heure en très-bonne fanté. Enfin après bien des contradictions, & mille au-tres facéties de cette efpece, le dénoue-ment arrive à l'ordinaire par une lettre auffi peu vraifemblable que tout le refte, dans un jardin fort éclairé, où ils fe retrouvent fubitement tous quatre, & où ils fe ma-rient, comme s'ils n'avoient ni déraifonné ni couru toute la nuit. C'eft tout ce fatras qu'on nommoit *les Extravagants.* Il faut avouer que jamais titre n'a mieux été rempli.

Tout ce préambule ne tend point à faire l'apologie de la traduction : ces extravagants étoient des incurables. Il a fallu garder le fond pour ménager l'expreſſion de la partie lyrique : auſſi le tout a-t-il conſervé un goût de terroir, & paroîtra foible à bien des égards ; enſorte que malgré les amputations réiterées qu'on a été obligé de faire, on craint bien d'avoir coupé au-deſſous du mal. On eſpere toutefois, moyennant l'art du célebre PICCINI, que le malade peut encore en revenir, & aller auſſi loin que ſa *bonne enfant*.

On dit que ces eſpeces de Drames Italiens ſont faits pour la plûpart, par des Perruquiers ; cela paroît aſſez croyable : l'Auteur de celui-ci, parle très-ſouvent de la friſure & du chignon de ſon eſclave : un mauvais plaiſant, diſoit qu'il auroit beaucoup mieux fait de faire des papillotes de ſon papier. Libre à lui & à un chacun, s'il eſt mécontent, d'en faire autant de celui-ci : c'eſt un barbier qui aura voulu raſer l'autre, il n'y a pas de mal à cela.

PERSONNAGES.

PIRATINO, *Capitaine de Vaisseau marchand.*

ZULIME, *jeune fille, son Esclave.*

LELIO, *fils d'un gros Négociant.*

Madame **CITRONELLI**, *jeune veuve, Cafetiere.*

UN GARÇON DE CAFÉ.

Plusieurs NEGRES, MOUSSES & MATELOTS.

La Scène est à Livourne.

Le fond du Théâtre représente le Port de Livourne : d'un côté un Café qui avance sur la Scène, tellement qu'on apperçoive une partie de la salle surmontée d'un étage fermé. Il y a une autre porte de la maison en avant de la scène ; de l'autre côté du Théâtre, des maisons. En place de salle on peut se servir d'une tente, ou d'une simple toile attachée à la maison, & tendue sur la Scène.

Pendant le courant de la Piéce plusieurs personnages muets peuvent entrer dans le Vaisseau & dans le Café, & en sortir.

L'ESCLAVE,

OU

LE MARIN GÉNÉREUX.

SCÈNE PREMIÈRE.

LE CAPITAINE, ZULIME, LELIO, Madame CITRONELLI.

A l'ouverture du rideau, Lelio & Madame Citronelli jouent aux Echecs devant la porte du Café. Lelio a le dos tourné au Port : il y regarde par intervalles. Un vaisseau entre dans le Port pendant la ritournelle du quatuor, & le Capitaine & Zulime débarquent.

QUATUOR.

Madame CITRONELLI, *à Lelio.*

QUE votre front se déride !
Ce jeu vous rend insipide,
Il vous trouble, il vous abat.

A iv

LELIO, *jouant.*

Bon... échec à votre Reine,
Je la forcerai fans peine,
En deux coups vous êtes mat.

LE CAPITAINE.

O rive, ô rive chérie !
Mer, je brave ta furie,
Enfin j'arrive à bon port !

ZULIME.

Plaife aux Dieux que ce rivage
Me délivre d'efclavage,
Et m'apprête un meilleur fort !

LELIO. *Il veut fe lever, Madame Citronelli le retient.*

Mais que vois-je ? Une Etrangere !

LE CAPITAINE, *à Zulime.*

La gentille Cafetiere !

LELIO & LE CAPITAINE, *enfemble.*

{ Quelle eft belle & féduifante !
{ Approchons de fon côté.

ZULIME & Madame CITRONELLI, *enfemble.*

{ Que l'homme a l'humeur changeante,
{ Et peu de folidité !

A QUATRE.

{ Que notre goût eft fragile !
{ Que notre cœur eft facile !
{ L'inconftance des amours
{ Eft l'idole de nos jours.

LE CAPITAINE.

Graces au ciel, nous voilà débarqués,

LELIO.

Mat, vous dis-je, mat forcé.

Madame CITRONELLI.

Voyons, voyons.

LELIO.

Tout eft vû, nous jouons à toute rigueur.

(Il fe leve.)

Madame CITRONELLI, *voulant l'arrêter.*

Mais ... demeurez.

LELIO.

Piece touchée, piece jouée. (*à part.*) Abordons ces Etrangers.

Madame CITRONELLI, *pouffant brufquement l'échiquier, & entre les dents.*

Va, va, je te jouerai.

LE CAPITAINE, *à Zulime.*

Il faut s'informer dans ce Café d'un endroit honnête, où vous puiffiez loger décemment.

(Le Capitaine & Lelio fe confiderent.)

LELIO.

Eh ! c'eft mon cher Capitaine !

LE CAPITAINE.

Ah ! mon ami Lelio ! que je vous embraffe.

Madame CITRONELLI.

Le perfide ! il connoît toute la terre.

LELIO.

Eh ! quel bon vent vous amene à Livourne ?

LE CAPITAINE.

Ma foi, le plus mauvais de tous, si je ne vous rencontrois ici, mon cher Lelio.

LELIO.

Et comment cela ?

LE CAPITAINE.

J'ai été croisé par un Corsaire qui m'a jetté sur ces Côtes ; mais je vous l'ai repoussé & battu... Enfin je vous raconterai tout cela.

LELIO.

Enfin... vous voilà !.. Et quelle est cette jolie débarquée ?.. Ce ne seroit pas votre femme ?

LE CAPITAINE.

Ma femme !.. Mon ami, le mariage est pour les gens de notre état une mer-à-boire ; il lui faut la terre-ferme... C'est, mon esclave.

LELIO.

Votre esclave !.. J'entends !.. Dieux ! qu'elle est jolie !

LE CAPITAINE.

Zulime, voilà le fils de mon ami, de mon Patron, d'un brave homme : feu son pere étoit un riche négociant associé au vaisseau que je commande ... embrassez-le : soyez amis.

LELIO, *avec empressement.*

De grand cœur. (*Il court l'embrasser.*) Oh ! la charmante enfant !

Madame CITRONELLI, *à part.*

Ah ! parjure, tu me le payeras !

LELIO.

Mais elle est triste ?

LE CAPITAINE.

C'est la fatigue ... l'air de la mer... A propos, mon cher Lelio, indiquez-nous un pied-à-terre honnête & commode.

LELIO.

Je vous offre ma maison.

LE CAPITAINE.

Je n'ose l'accepter comme du passé... (*montrant Zulime.*) La décence ne permet pas que chez un jeune-homme. ...

LELIO.

Eh ! bien ! Madame Citronelli qui tient ce Café, pourra vous arranger. Elle n'occupe plus ses appartemens d'en haut depuis la mort de son mari.

LE CAPITAINE.

Son mari est mort ?

LELIO.

Chut !...

LE CAPITAINE *lui frappe sur l'épaule.*

L'ami Lelio console les affligés.

LELIO.

N'est-ce pas, Madame Citronelli, vous me ferez l'amitié de loger chez vous mon ami ?

Madame CITRONELLI , *se levant.*

Je la ferai à Monsieur ... à Monsieur , enten-dez-vous ?

LE CAPITAINE.

Je vous ferai redevable... Permettez que je vous embraffe , ma Déeffe hofpitaliere.

LELIO.

Bravo , Seigneur Capitaine... A l'abordage ! voilà de la valeur marine.

Madame CITRONELLI.

Tout mon avoir eft à votre fervice. Je vais tout faire préparer pour vous recevoir.

(*Elle rentre.*)

LE CAPITAINE.

Et moi faire apporter mes ballots chez vous : en attendant , Lelio , faites auffi connoiffance avec Zulime. * (*Il remonte dans fon vaiffeau.*)

———

SCÈNE II.

LELIO , ZULIME.

LELIO , *à part.*

ZULIME ! que ce nom eft doux ! qu'elle eft belle ! quelle heureufe phifionomie !... Je n'ofe l'interroger... Mon cœur eft preffé... (*Il s'ap-proche.*) Ma chere Zulime ... quel âge avez-vous ?..

ZULIME.

Dix-fept ans.

LELIO.

Dix-fept ans ! (*à part.*) Oh ! Capitaine. (*haut.*)
quelle candeur... Adorable Zulime, d'où vient
la langueur de vos beaux yeux ?... Quel fujet
vous attrifte ?

ZULIME.

Ah !

LELIO.

Vous foupirez... Qu'avez-vous ?

ZULIME.

Du malheur.

LELIO.

Du malheur !... Ah ! ciel ! une perfonne auffi
belle peut être infortunée !.. Mais, qui caufe votre
malheur ?

ZULIME.

La bizarrerie du fort.

LELIO, *à part.*

Elle m'enchante... (*haut.*) Vous me pénétrez...
Et, n'eft-il pas des moyens d'alléger ce fort bi-
zarre ?

ZULIME.

Non.

LELIO.

Mais il eft des confolateurs.

ZULIME.

Hélas ! où s'en trouve-t-il ?

LELIO, *à genoux.*

A vos piés, belle Zulime.

ZULIME.

O ciel! que faites-vous?

LELIO.

Je n'y puis réfifter davantage... Vos appas, votre ingénuité ont fait glifler tout-à-coup dans mon cœur un feu fubit qui m'embrâfe, & je fens qu'il faut vous aimer, ou mourir.

ZULIME, *fouriant.*

Ou mourir!.. Mais, Monfieur, y penfez-vous? Il faut me croire bien foible, ou bien avanta-geufe, pour m'imaginer caufer un effet fi prompt.

LELIO.

Il eft encore plus violent que je ne vous le dépeins.

ZULIME.

Vous me permettrez de n'y ajouter aucune foi: propos vagues que tout cela, pur effet de votre galanterie : chimeres que tous vos maux.

ARIETTE. Notée n°. 1.

A votre âge,
Ce langage
Fait d'un amant un féducteur;
Une belle
Peu cruelle,
En l'écoutant fait fon malheur
» Ah! j'expire
» De douleur:

» Quel martyre !«
Mots frivoles ,
Jeu trompeur ,
Fariboles ;
Chanſon vaine
De Syrene ,
Dont le ton eſt trop enchanteur.

LELIO.

Vous me déſeſperez ... que vous êtes injuſte !
mais ſi je vous prouvois...

ZULIME.

Vous ne me prouverez rien... Bien loin de
chercher à porter de nouveaux fers , je n'aſpire
qu'à voir briſer les miens.

LELIO.

Eh bien , votre Patron eſt mon ami , je me
charge de l'y réſoudre.

ZULIME.

Epargnez-vous ce ſoin : j'en connois tout le
prix.

LELIO.

Au nom de l'amour , de la pitié.

ZULIME.

Il vient : j'eſpere que vous ne voulez pas le
rendre témoin de vos inconſéquences.

SCÈNE III.

LE CAPITAINE, Mᵐᵉ. CITRONELLI, LELIO, ZULIME.

LE CAPITAINE, *à deux Mouſſes qui le ſuivent & portent un coffre.*

PORTEZ dans cette maiſon. (*Ils entrent.*) Enfin tout eſt dans l'ordre.

Madame CITRONELLI.

Quand il vous plaira.

LE CAPITAINE.

Allons ſous les auſpices de notre hôteſſe tutelaire... Allons , Zulime , allons prendre du repos.

Madame CITRONELLI *à Zulime , qu'elle embraſſe & prend par la main.*

Venez, aimable Eſclave.

LELIO , *arrêtant le Capitaine.*

Capitaine , deux mots , je vous prie.

LE CAPITAINE.

Quatre, mon cher. (*aux femmes qui entrent.*) Je vous ſuis.

SCENE

SCÈNE IV.

LE CAPITAINE, LELIO.

LELIO.

SI bien , Seigneur Capitaine , que vous allez paffer quelque temps ici.

LE CAPITAINE.

C'eſt ſelon le temps & les affaires : je fais partir encore cette nuit une Galiote, pour faire rendre des marchandiſes preſſées ſur les Côtes dont mon Corſaire m'a éloigné : je vendrai ici ſes dépouilles ; & puis , ma foi , vogue la galere.

LELIO.

Et ... & cette jeune Eſclave ?

LE CAPITAINE.

Je lui ferai du bien ... mais vous êtes curieux , Lelio ?

LELIO.

Point du tout ... & ... elle eſt réellement votre Eſclave ?

LE CAPITAINE.

Et de bonne capture , je vous en réponds... Le Corſaire à qui je l'ai ravie , l'a payée de ſa vie : j'ai fait une boucherie horrible de lui & de ſes gens , & je n'ai conſervé que ſa-Frégate , ſes effets , & Zulime.

B

LELIO.

Et Zulime !.. & ... vous avez été envers elle un vainqueur impitoyable ?

LE CAPITAINE.

Fi donc , jeune-homme : j'abhorre les brigands , mais j'honore les vaincus.

LELIO.

Une jeune fille , jolie , feule en un mot fur un vaiffeau... Ah ! Capitaine ! ah ! Capitaine !

LE CAPITAINE.

Vous n'y penfez pas , Lelio , cette jeune perfonne eft honnête.

LELIO.

Honnête... Et le Corfaire ?

LE CAPITAINE.

Parbleu , le Corfaire s'en feroit bien gardé : il l'avoit enlevée de chez fes parents , & la deftinoit au Grand Mogol.

LELIO.

Au Grand Mogol ?

LE CAPITAINE.

Oui , & je vous affure entre nous qu'elle a de la vertu.

LELIO , *extafié*.

De la vertu ! fa candeur l'annonce... Ah ! que je fuis heureux !

LE CAPITAINE.

Qu'avez-vous donc ? vous déraifonnez.

LELIO.

De la vertu & des charmes... Et dites-moi, de quel pays est-elle ?

LE CAPITAINE.

Ma foi, vous êtes plus curieux que moi, je l'ignore encore ; c'est de quoi je me soucie peu : quand on est honnête on est de tous les pays.

LELIO.

Ah ! sans doute, elle rassemble les perfections de la terre entiere.

LE CAPITAINE.

Mais à quoi bon toutes ces questions-là ? Vous m'impatientés : au fait.

LELIO.

Elle est unique, vous dis-je : il n'est point de charmes dans toutes les parties de l'Univers qu'elle ne réunisse.

ARIETTE.

On peut dire qu'à Cythere
L'Amour tailla sa paupiére ;
Sa bouche fut faite en Grece :
Le reste .... devinez ?
En Norvege sa tresse ;
Son teint en Géorgie,
Son front en Laponie ;
Sa taille est à l'Angloise,
Son pied à la Chinoise,
Enfin à la Françoise
Son joli petit nez.

B ij

LE CAPITAINE.

Quelle imagination déréglée !.. Je ne le comprends plus.

LELIO.

Est-ce que vous ne trouvez pas ce portrait ressemblant ?

LE CAPITAINE, *fâché.*

Oui, mais le peintre est un barbouilleur... En vérité, Lelio, je crois que vous êtes devenu fou depuis deux ans que je ne vous ai vû.

LELIO.

Oui, je le suis depuis votre arrivée : je le suis de Zulime, de votre Esclave que j'aime éperduement.

LE CAPITAINE.

Comment ! en si peu de temps, sans savoir si moi ... si ... parbleu, parbleu ! on vous en amenera des fillettes !

LELIO.

Pardon, mais mon crime seroit trop grand, si j'étois plus longtems à vous en faire l'aveu ... d'ailleurs il ne m'a pas semblé que vous aviez des vues sur elle.

LE CAPITAINE.

Non, que d'honnêtes.

LELIO.

Eh bien ! pour plus d'honnêteté encore . . . . donnez-la-moi.

LE CAPITAINE.

Pour plus d'honnêteté, vraiment ... que je

vous la donne ! à vous ! infenfé ! eh ! qu'en vou-
lez-vous faire ?

LELIO.

Ma femme.

LE CAPITAINE.

Une Efclave !

LELIO.

Affranchiffez-la.

LE CAPITAINE.

Jeune fou ! y réflechiffez-vous ?

LELIO.

Tout eft réfléchi , mon cher Capitaine. En
grace donnez-moi cette marque d'amitié ; fer-
vez-moi de pere ; je vous chérirai, refpecterai,
obéirai , & tous mes jours vous feront confacrés.

AIR.

Un épagneul fidele
Eft un touchant modele ;
Sa foupleffe & fon zele
Sont des leçons pour moi :
Que fa belle maitreffe
Le frappe, ou le careffe,
Il faute , il s'empreffe ,
Il flatte , ou fe tient coi.

LE CAPITAINE.

Le joli petit toutou !.. apporte , apporte...
Que voilà bien une comparaifon de chien ! Ces
Italiens m'affomment avec leurs comparaifons...
Lelio, vous vous dégradez, vous extravaguez.

B iij

LELIO, *à genoux.*

Ayez pitié de moi : foyez mon ami, mon pro-
tecteur, mon pere.

LE CAPITAINE, *le relevant.*

Pitié ! jeûne-homme, vous le voulez ,.. il faut
vous fatisfaire... Hola ! garçon, qu'on apporte
du papier, une écritoire....

LELIO, *faute à fon cou à plufieurs reprifes.*

Ah ! ah ! ah !.. quelle félicité !.. quel plaifir !..
mon cœur, ma reconnoiffance... Ah ! mon ami !..
ah ! cher Capitaine !

LE CAPITAINE.

Quel délire !.. Finiffez.

SCÈNE V.

ZULIME, Madame CITRONELLI, LE CAPITAINE, LELIO.

Madame CITRONELLI,

QUELLE joie ! (*au Capitaine.*) Nous vous at-
tendons avec impatience.

LE CAPITAINE.

Un moment... Zulime, approchez. (*la prenant
par la main.*) Ma chere Zulime, j'ai conçu pour
vous une telle affection, que je veux vous en
donner une preuve finguliere.

ZULIME.

Ah ! mon cher maître !

LE CAPITAINE.

Ecoutez ... & vous, Lelio, écrivez. (*Il dicte,& Lelio écrit sur la table aux échecs.*) Cejourdhui, & cætera.

ARIETTE.

Moi , Capitaine de vaisseau ,
Alexandre Piratino ,
Au retour d'un exploit nouveau ,
     Près du Cap de Sardo !
     En forme irrévocable ,
     Par contrat immuable ,
     Je donne à l'amiable
     Zulime à Lelio.
     Zulime ! quoi des larmes !
(*à part.*)   Que ses charmes
     Troublent mon cœur !   FIN.

(*à Lelio.*) Fasse Zulime votre bonheur !
     Que l'hymen vous l'assure !
     Donnez cette écriture ,
     Voyons-en la teneur.

(*Il lit.*) Moi, Capitaine, &c.

Madame CITRONELLI, *à part.*

Le scélérat !

LE CAPITAINE.

Allons, mes enfants, donnez-vous la main.

ZULIME.

Je tombe à vos genoux.

LE CAPITAINE, *la relevant.*

Qu'avez-vous, Zulime?

ZULIME.

Hélas ! que vous ai-je fait ?

LE CAPITAINE.

Rien, mon enfant... Quoi ! cette union ne feroit-elle pas de votre goût ?

ZULIME.

Comment ! vous me vendez, vous me livrez impitoyablement !

LE CAPITAINE.

Qu'eſt-ce à dire ? Eſt-ce que vous n'êtes pas d'accord enſemble ?

ZULIME.

Moi !.. jamais.

LE CAPITAINE.

Ah ! Monſieur Lelio ! vouloir épouſer les filles ſans leur conſentement !

Madame CITRONELLI.

Et quand on a pris des engagements avec une autre encore !

LE CAPITAINE.

Qu'entends-je ! double fourberie ! Lelio, répondez ?

LELIO,

Je n'ai rien à répondre, mon amour...

LE CAPITAINE.

Eſt celui d'un forcené... Abuſer trois perſonnes à la fois ! cela eſt indigne.

LELIO.

Je n'ai abufé que moi feul.

LE CAPITAINE.

Allez, toute l'eau de la mer ne laveroit pas ce crime à mes yeux... Zulime, je vous en eftime davantage : demeurez avec nous, je veux vous combler de préfents.

LELIO.

Capitaine, j'attefte votre parole, votre donation eft en regle.

LE CAPITAINE.

Oui... & bien, je les annulle.

(*Il déchire la donation.*)

Madame CITRONELLI.

Que je fuis vengée !

LELIO.

Zulime n'eft plus votre Efclave : elle eft libre dans un pays libre.

LE CAPITAINE.

Ingrat !.. Je ne me fens plus de colere... Rentrez avec elle, Madame, je reviens à l'inftant.

LELIO, *courant après lui.*

Cher Capitaine !

LE CAPITAINE.

Vous me faites horreur.

(*Il remonte dans fon vaiffeau.*)

LELIO, *à Zulime, en action de rentrer.*

Ma chere Zulime !

ZULIME.

Laiffez-moi.

LELIO, à *Madame Citronelli.*

Ma chere Madame Citronelli !

Madame CITRONELLI.

Allez, monftre amphibie.

(*Lelio fort à pas lents.*)

SCÈNE VI.

ZULIME, Madame CITRONELLI.

Madame CITRONELLI *revenant,
dès que Lelio eft éloigné.*

IL faut pourtant veiller à ce qu'il ne fe paffe
rien de fâcheux entre eux : Lelio eft vif, & le
Capitaine ne me paroît pas endurant.

ZULIME.

Ne craignez rien pour le Capitaine... Ah ! ma
chere bonne Dame ! n'eft-il pas vrai que je fuis
l'être le plus infortuné !

Madame CITRONELLI.

Pourquoi cela, ma chere ?... Le Capitaine eft
généreux.

ZULIME.

Belle générofité, vraiment, de me livrer au
premier venu ! ce que c'eft que les hommes de

votre pays ! l'un veut m'obtenir de force, &
l'autre me cede sans pitié. Et de quel droit ? Je
me verrai donc tous les jours à leur merci !..
Non ... il faut finir mes malheurs ... mon parti
est pris.

Madame CITRONELLI.

Eh ! que prétendez-vous faire ?

ZULIME.

Le temps vous l'apprendra.

ARIETTE. Notée n°. 2.

Loin de son berger errante,
Que fera foible & tremblante
Une brebis innocente ?
La pauvrette aux abois,
S'égare à travers les bois,
Evite la dent cruelle
Du loup qui s'approche d'elle.
Enfin seulette :
Cette pauvrette,
Palpitant s'échappera :
Cet énigme peut s'entendre,
Et je vous laisse à comprendre
Quelle est cette brebis-là.

Madame CITRONELLI.

Vous me pénétrez, ma pauvre amie ... il
faut vivre d'espoir ... qui sait ? .. le temps ...
la patience.

ZULIME.

Je n'attends rien que de mon courage... Bon
soir, ma bonne amie. (à part en s'en allant.) Allons
songer aux moyens d'assurer mon entreprise à la
premiere occasion.

SCÈNE VII.

Madame CITRONELLI, *seule*.

CETTE enfant m'intéreſſe... A dire le vrai, je
ne ſerois pas fâchée qu'elle s'éloignât ; peut-être
cela me rameneroit-il mon perfide Lelio... Le
fourbe ! Oh ! ſi je pouvois m'en venger !.. mais
le moyen !.. ces maudits hommes ont tant d'ar-
mes contre nous !.. & de quelque maniere que
nous nous y prenions, nous ſommes toujours
leurs dupes.

ARIETTE.

Nos cœurs faciles

Sont ſi dociles !...

Pourtant nous ſommes,

Selon les hommes,

Des crocodiles,

De petits loups :

Quelle injuſtice !

Quelle artifice !

Ils nous abuſent,

Et nous accuſent !

Sexe trop tendre,

Il faut apprendre

A vous défendre

De ces filoux.

Voici le Capitaine... J'aime pourtant affez fa brufque franchife. Il eft fans façon, à la vérité... Mais à fes manieres près, il eft de la pâte dont il faudroit repaîtrir tous les hommes.

SCÈNE VIII.

LE CAPITAINE, Mme. CITRONELLI.

LE CAPITAINE, *à un Negre qui le fuit.*

CETTE caffette eft pour Zulime. (*à un autre qui porte un gros fac.*) Porte ce fac à l'office de Madame.   (*Ils entrent tous deux.*)

Madame CITRONELLI.

Qu'eft-ce ?

LE CAPITAINE.

Rien ... quelques livres de café moka , que je fais porter chez vous.

Madame CITRONELLI.

Quelques livres !.. un fac énorme !.. mais avant vous plairoit-il me dire ce qu'il me coutera ?

LE CAPITAINE.

Ce qu'il vous coutera ? (*lui prenant la main qu'il careffe.*) La peine de le faire brûler , moudre & cuire ... & fi vous voulez ... fi vous voulez, celle de le prendre quelquefois avec moi. (*Il*

fouille dans fa poche.) A propos , voilà des perles que je vous prie d'accepter pour arrhes de ma
penfion chez vous.

Madame CITRONELLI.

Des perles ... des perles fines !.. Mais , Monfieur , vous n'y penfez pas.

LE CAPITAINE.

Prenez-les , je vous prie , par reconnoiffance ,
par amitié.

Madame CITRONELLI.

Par amitié , foit.

LE CAPITAINE.

Oh ma charmante hôteffe , peu s'en faut que
je ne vous conjure de les prendre par amour.

Madame CITRONELLI.

Par amour ! (*d part.*) Bon.

LE CAPITAINE.

Oui , vous m'avez frapé de prime-abord... Il
part de vos yeux un feu ... c'eft le feu grégeois ,
qui embrâfe au loin fans pouvoir s'éteindre... (*Il
la prend à bras le corps pour l'embraffer.*) Et je fens
qu'il faut échoüer contre l'écueil de vos appas.

Madame CITRONELLI.

Alte-là, s'il vous plaît, vous trouverez un roc.

LE CAPITAINE.

Un roc... (*d'un tendre comique.*) Il ne fera donc
pas poffible d'y jetter l'ancre.

Madame CITRONELLI.

Non, (*fe radouciffant.*) à moins que vous ne
radoubiez votre pétulance.

ARIETTE. Notée n°. 3.

En amour un tel hommage,
Parmi nous n'eſt point d'uſage ;
On compoſe ſon langage,
Ses manieres & ſon ton.
Propos tendre , joli ſourire,
Maintien humble , charmant délire ;
L'on ſupplie , l'on ſoupire,
Voilà la bonne façon.
Un air gai, point de rudeſſe,
Point de geſte qui nous bleſſe ;
Il faut careſſer l'amour,
Si l'on veut l'être à ſon tour.

(Pendant l'Ariette un Negre ſort de la maiſon , & rentre
dans le vaiſſeau.)

LE CAPITAINE.

Eh ! bien . . . je ſourirai , je ſupplierai, je careſ-
ſerai . . . la façon de ramer n'y fait rien , pourvu
qu'on arrive au port.

Madame CITRONELLI.

(Le repouſſant toujours.) Doucement . . . vous
en êtes encore éloigné.

LE CAPITAINE.

Pas trop , je penſe . . . Tenez friponne, j'ai un
coup-d'œil qui vaut toutes les bouſſolles . . . vous
en êtes la vertu attractive.

Madame CITRONELLI.

Vertu du nord, Monſieur le Capitaine, vertu
de glace.

LE CAPITAINE.

Ah ! fixez - vous , aimant fubtil . . . ou mon amour va mettre voiles au vent.

Madame CITRONELLI.

Pliez-les , de grace ; attendez que le vent foit en poupe.

LE CAPITAINE.

En poupe on non . . . (*plus recueilli.*) Sérieufe-ment , Madame , vous m'avez captivé ; j'ai envie de m'établir , & il ne tient qu'à vous d'accepter ma fortune & ma main.

Madame CITRONELLI.

Moi ? cet honneur ne m'eft pas réfervé.

LE CAPITAINE.

Cet honneur ? il y en a fans doute à fervir le commerce de fa patrie : Je fuis Capitaine Sarde à la vérité , mais fils de Négociant , comme vous peut-être . . . nous pouvons aller de pair . . . Allons . . . l'amour a donné le fignal . . . tope.

Madame CITRONELLI.

Trêve, je vous prie , cela demande de la ré-flexion.

LE CAPITAINE.

ARIETTE , *à paffer à volonté.*

Quand vous ferez ma femme,
Vous ferez fur mon ame
Une importante Dame :
Un chacun le verra.
Déja dans fon ivreffe

Le Matelot s'empresse ,
A marquer l'allegresse.
L'artillerie
Réunie ,
Au loin l'annoncera ;
L'on dira, l'on dira :
Vive notre Capitaine ;
Vive sa femme & sa Reine.
Soyons en joye ,
Le ciel l'envoye ;
Que les amours
Unissent leurs jours !

*(Pendant l'Ariette , l'autre Negre sort de la maison , &
considere en passant un Brillant , qu'il indique
avoir reçu de Zulime , & retourne au vaisseau.)*

Eh bien ? Roc escarpé. Arborez-vous pavillon
blanc ? Capitulons-nous ?

Madame CITRONELLI.

(*à part.*) Oui, il faut me revancher contre ce
traître de Lelio. (*haut.*) Ah ! vous êtes un si bon
Pilote , que vous vous emparez du gouvernail de
ma raison.

LE CAPITAINE.

Victoire , enfin.

Madame CITRONELLI.

Pas encore . . . un moment . . . il faut l'avouer ,
votre humeur , votre cordialité me gagnent ; mais
vos absences , les risques que vous courez . . . . .

C

LE CAPITAINE.

Vous êtes divine ... n'ayez point de souci :
j'ai dessein depuis long-tems de finir mes courses :
& en ramassant toutes mes pacotilles, je puis me
retirer avec non moins d'honneur que d'avantage.

Madame CITRONELLI.

Et .... l'Esclave ?

LE CAPITAINE.

Et .... Lelio ?

Madame CITRONELLI.

N'en parlons plus.

LE CAPITAINE.

Nous arrangerons tout cela.

Madame CITRONELLI.

Capitaine, j'avoue ma défaite.

LE CAPITAINE.

Ce n'est pas sans une vigoureuse résistance,
au moins.

Madame CITRONELLI.

Il faut en convenir, je suis toute hors de moi.

DUO.

Dans mon cœur quel feu circule ?
Il me bat comme un pendule,
Il avance, & puis recule ;
Ti, ta, ta,
Que sens-je-là ?

LE CAPITAINE.

Je ne fais auffi quel charme,
Dans mon cœur donne l'allarme :
Il bondit , il fait vacarme :
  Bin , bon bon ,
 Quel carillon ?

Madame CITRONELLI.

Mais , je fouffre . . . fais - tu pourquoi ?

LE CAPITAINE.

Et pourquoi ?

Madame CITRONELLI.

Je fuis fi bonne , fi facile !
Il n'eft point dans cette Ville
Une femme comme moi.

LE CAPITAINE.

Et je tremble . . . fais - tu pourquoi ?

Madame CITRONELLI.

Et pourquoi ?

LE CAPITAINE.

Je fuis fi tendre & débonnaire ,
Il n'eft fur mer , ni fur terre ,
Un mari femblable à moi.

Madame CITRONELLI.

Quel prodige !

LE CAPITAINE.

Quel preftige !

ENSEMBLE.

Ah ! l'amour, ce Dieu fripon
Fit nos cœurs à l'uniſſon.

(On entend quelque bruit ſur la mer.)

Madame CITRONELLI.

Mais, quentends - je ?

LE CAPITAINE.

Ce ſont les gens de mon équipage qui ſe pré-
parent à partir avec une Chaloupe que j'envoye
vers Alger.

Madame CITRONELLI.

Le jour baiſſe ; il eſt temps de vous repoſer.

LE CAPITAINE.

Adieu, ineſtimable conquête : ton vainqueur va
devenir ton eſclave.

SCÈNE IX.

Madame CITRONELLI, LELIO,
(*Se promenant çà & là tête baissée.*)

Madame CITRONELLI, (*à part.*)

EH bien ! ne l'avois - je pas bien préfumé que ces fripons d'hommes me joueroient encore quelque tour ? (*Appercevant Lelio.*) Bon ! voici l'autre. (*Elle appelle*) Garçon, fermez : voilà la nuit.

LELIO : (*il heurte Madame Citronelli par mégarde.*)

Ah ! c'eft vous, Madame.

Madame CITRONELLI.

Hon ! il fut un temps où vous vous en feriez plutôt apperçu.

LELIO.

Excufez, je n'y vois plus, je n'y fuis plus : je ne fais ce que je fais.

Madame CITRONELLI.

Vous ne favez donc auffi où vous allez ?

LELIO.

Hélas non ... que je suis à plaindre !

Madame CITRONELLI, *le contrefaisant.*

Helas, non que je suis à plaindre ! (*changeant de ton.*) L'ingrat !

AIR.

Petit nez, grande prunelle,
Vous font tourner la cervelle ;
Plaignez donc ce pauvre enfant !

LELIO.

Plaignez - moi, sans doute, moi qui ne vous fus que trop conftant.

Madame CITRONELLI, *continuant l'air.*

Hélas !

Une Efclave arrive à peine,
Que l'on court prendre fa chaîne ;
Admirez l'amant conftant !

LELIO.

Pardon. Mais Zulime a tant d'appas, un regard fi tendre !

Madame CITRONELLI, *continuant l'air.*

Oui.

Mais l'Efclave au regard tendre,
Feint de ne pas vous comprendre,

Et rit de votre tourment;

(Sur le ton du dernier vers, en faisant une prompte reverence.)

Et je vous en offre autant.　*(Elle s'enfuit)*

(Le Garçon ferme le Café tout-à-fait.)

SCÈNE X.

LELIO, *seul.*

QUoi! m'accabler encore! insulter à mon malheur! *(Il tourne la tête, & voit qu'elle est partie.)* Tout le monde m'abandonne, on m'évite ....
O ciel! quel funeste présent qu'un cœur sensible!
(Il fait nuit.)

ARIETTE.

Quel martyre!
Quel délire!
Tout conspire
A me reduire;
De la chaîne
Qui me gêne
Qui viendra me dégager?
O toi, qui causes mes larmes,
Toi, qui causes mes allarmes;
Viens, accours me soulager!

(Il va près du Port s'appuyer contre un Parapet.)

Personne ne m'entend : que je suis malheureux!

C iv

SCÈNE XI.

LELIO, *près de la mer :* **ZULIME:**
(Elle sort par l'autre porte du Café, &
s'avance sur le bord du Théâtre, puis dit à
voix basse :)

Voici le moment favorable. Le Mousse qui sort
d'ici est gagné : il doit avoir corrompu à son tour
le Contre-Maître qui part à l'instant avec une
Chaloupe du Capitaine... J'ai reservé de ses pré-
sents ce qu'il m'en faut pour le succès de mon entreprise..... il est en extase avec sa chere hô-
tesse. (*Elle fait un pas.*)... Allons, fuyons...
mais je tremble..... qui m'arrête ?... le silence qui
regne autour de moi m'interdit.... Hélas ! (*Elle*
fait quelques pas, puis elle revient.)

RÉCITATIF ACCOMPAGNÉ.

Dieu de l'indépendance !
Embrasse ma défense :
L'innocence
Se met sous ta puissance ;
Guide mes pas tremblans vers ma Patrie...
(*Elle s'arrête.*)   Où faut-il que je fuye ?
J'assure à peine
Ma démarche incertaine...

Mon cœur se brise,
Mon courage s'épuise....
La nuit baisse son voile,
Et je ne vois paroître aucune étoile....
Echo! dans ma contrainte
Rends mes cris & ma plainte.
Vers le Ciel que j'implore,
Fais que ma voix pénétre encore!
O Ciel!
Sort cruel!

ARIETTE.

Je m'égare, je frissonne,
Déja l'horreur m'environne;
Ciel! à toi je m'abandonne,
Je respecte ton pouvoir.
Nuit! à mon œil qui s'étonne,
Fais briller l'astre de l'espoir.

Avançons.... n'écoutons que le désespoir.....
O liberté! ô liberté!... (*Elle s'avance à tâtons,*
& va heurter Lelio, appuyé & immobile.)....
Qu'est-ce? ... au secours!... miséricorde!....

LELIO.

Qui va - là?

ZULIME.

Imprudente! ... je suis anéantie.

LELIO; (*il la prend par la main.*)

Qui va-là, dis-je?

ZULIME.

Lelio ! O Ciel ! (*elle eſt prête à tomber.*)

LELIO.

Zulime ! (*il la retient dans ſes bras.*) Zulime...
où allez-vous ? ... que faites - vous ? n'ayez aucune crainte, je ſuis Lelio... l'infortuné Lelio.

ZULIME, *revenant d elle.*

L'infortuné Lelio ! ... vous, cruel !

LELIO.

Parlez, qu'alliez - vous entreprendre, ſeule,
égarée ? parlez, parlez.

ZULIME.

J'allois....me délivrer de vous .... de vos ſem-
blables....m'embarquer enfin.

LELIO.

Vous embarquer, cruelle ! ſeule ! à l'inſçu du
Capitaine ! vous vouliez donc me donner la mort.

ZULIME.

Non, je vous pardonne, & ne vous veux
aucun mal.... Adieu, Lelio.

LELIO, *l'arrêtant.*

Vous me pardonnez ! Et quoi ! vous êtes ſenſible, & mon déſeſpoir ne vous touche pas !

ZULIME.

J'en ferois touchée, vraiement, fi je le croyois
fincere.

LELIO.

Sincere, comme le feu qui me dévore. (*à genoux*)
Généreufe Zulime, au nom de cet amour vif &
pur, laiffez-vous fléchir.

ZULIME.

Ce n'eft point votre amour que j'ai bravé, ce
font vos procédés violents.

LELIO.

Mon repentir les efface.. que je vous fuive, ou
cette Mer va m'engloutir à l'inftant.

ZULIME.

(*à part.*) Je fuis toute émue. (*Elle le releve.*)
Lelio.... (*d'un ton plus raffis.*) Lelio! vous fentez-
vous affez de courage pour abandonner votre
Patrie, & pour me fuivre?

LELIO, *tranfporté.*

Au bout de l'Univers....chez les morts.

ZULIME, *héfitant.*

Eh bien....mon cher Lelio.... mon cœur eft
libre..... il eft à vous,.... partons.

LELIO.

Divinités célestes ! plaifir ! félicité ! (*Il lui baife*
la main.)

DUO.

(*Pendant le Duo, un Mouffe porte une lettre dans la maifon,*
fans qu'aucun foit vu de l'autre.)

ZULIME.

Il faut fe rendre,
Voilà ma main.

LELIO.

O moment tendre !
Heureux deftin !

ZULIME.

Fuis le parjure,
Je te conjure.

LELIO.

Ma flamme eft pure,
Je te le jure.

ZULIME.

Je me raffure ....
Que ta conftance
Me récompenfe,
Et que ce gage
Me dédommage
De tous mes maux !

LELIO.

De grace, écoute,

N'ais point de doute;
Dans la conftance,
La défiance
Trouble d'avance
Notre repos.

ENSEMBLE.

Que rien ne nous divife!
Le vent nous favorife,
Partons, embarquons - nous:
Que l'amour nous conduife
En dépit des jaloux!

ZULIME.

Ne perdons point de temps, on va mettre à la voile.

SCÈNE XII, & dernière.

LE CAPITAINE, Mme CITRONELLI, LELIO, ZULIME.

LE CAPITAINE, *en robe de chambre, une lettre dans une main, & l'épée dans l'autre.*

ARrête....à l'aide! arrête... (*Le Garçon du Café & le Mouffe éclairent.*)

ZULIME.

O Ciel! le Capitaine! je fuis trahie! (*Elle va à fa rencontre, & fe jette à genoux; & Lelio de l'autre côté auffi à genoux, fans être vu du Capitaine.*) Grace, mon cher Patron! j'expire à vos genoux!

LE CAPITAINE, *vivement.*

Téméraire, vous ofez fuir! (*Regardant de*

l'autre côté.) Lelio ! Lelio aussi ! O fureur ! quelle noirceur abominable ! (*En fureur à Zulime.*) Il est ton complice ! un fourbe, un suborneur !

ZULIME.

Daignez m'entendre.

LE CAPITAINE.

Parle, réponds ingrate.

ZULIME.

J'ai voulu vous fuir sans doute.... L'amour de ma Patrie, de ma liberté, sont mes seuls complices.

LE CAPITAINE.

Zulime, que vous ai-je fait, à mon tour ? Voilà donc mon salaire ?

ZULIME.

Je suis pénétrée de vos bienfaits ; mais je fuyois votre pouvoir : le dégoût, l'intérêt peut – être, vous auroient engagé un jour à me livrer sans pitié: j'ai voulu m'en préserver.

LE CAPITAINE.

Que tu me connoissois mal ! (*Il la releve.*) Et Lelio, comment se trouve-t-il ici ?

ZULIME.

Tremblante, j'allois me rendre au Port ; je l'y trouve gémissant : son désespoir m'ébranle.... je céde à son répentir, & à la violence de sa passion.

LE CAPITAINE.

Quel retour ! grands Dieux !... Et....

ZULIME.

Et je le persuade de me suivre au sein de ma famille, dont j'ai été ravie.

LE CAPITAINE.
Eſt-il bien vrai?

ZULIME.
J'en atteſte le Ciel. (*Lelio ſe leve.*)

LE CAPITAINE.
Ah! je n'en croirois pas ſi aiſément Lelio. (*après un moment de réflexion d' tous deux.*) Inſenſés! Imprudents! reſtez avec nous, je vous pardonne, & je vous unis. (*Il les prend par la main.*)

LELIO, *il lui ſaute au çou.*
Ah! mon reſpectable ami!

ZULIME.
Ah! mon cher Maître!

LE CAPITAINE.
Je donne la main à Madame : vous me la cédez, Lelio?... en revanche, partagez ma fortune.

LELIO.
Non, précieux ami, je ſuis pourvû : une femme belle, honnête, douce & ſenſible, eſt un tréſor inépuiſable.

QUATUOR.
LELIO.
Quelle ivreſſe!
LE CAPITAINE.
Quelle allégreſſe!
O bien ſuprême!
Obliger ce qu'on aime,
Voilà la félicité.
ZULIME & Madame CITRONELLI.
Ce procédé vous ſignale,
Rien n'égale
Votre généroſité.

LELIO.

J'en reffens tout le prix.
D'une tendre foibleffe
Excufez ma jeuneffe,
Et reftons bons amis.
Que nos peines finiffent:
Que nos vœux s'accompliffent:
Et foyons réunis.

ZULIME.

Trop heureufe journée!

LE CAPITAINE.

O doux enchantement!

Madame CITRONELLI.

Propice deftinée!

LELIO.

Délicieux moment!

LE CAPITAINE.

Que tout chagrin s'oublie,
L'amour nous y convie;
Que ce foit à jamais.

ZULIME & Madame CITRONELLI.

Les jours de votre vie
Egalent vos bienfaits!

LELIO.

Que notre intelligence
En marque la cadence
Par un parfait accord!

TOUS ENSEMBLE en chœur.

C'eft ainfi que la chance
Succede à la conftance,
Et que fans qu'on y penfe
On arrive à bon port.

FIN.

N. 2. ANDANTE

A vo-tre a-ge, Ce lan-

ga-ge Fait d'un A-mant un

sé-duc-teur; U-ne bel-le

Peu cru-el-le, En l'é-cou-

tant fait son mal-heur. Ah! j'ex-

pi-re, De dou-leur; Quel mar-ty-re!

D

Mots fri - vo - les, Jeu trompeur, Fa - ri -

bo - les ; Chanſon　vai - ne　De Sy -

re - ne, Chanſon　vai - ne　Dont le

ton,　Dont le　ton

eſt　trop　en - - chan - - -

teür ; Fa - ri - bo - les, Mots fri -

vo - les, Mots fri - vo - les ;

Dont le ton est trop

en chan - - - teur, trop en chan-

teur, trop en chan-teur. A vo-

tré â - ge, Ce lan - ga - ge

Fait d'un A - mant un sé - duc-teur,

U - ne bel - le Peu cru - el - le,

En l'é - cou - tant fait son mal-

D ij

...leur; Ah! j'ex - pi - re de dou-

...leur, Quel mar - ty - re! Mots fri-

vo - les, Jeu trom - peur, Fa - ri-

- bo - les, Mots fri - vo - les, Fa - ri-

- bo - les, Mots fri vo - les: Chanson

- vai - ne De Sy - re - ne,

Dont le ton est trop en chan-

teur; Mots frivoles, Fari-

bo - les, Dont le ton est trop

en - chan-teur: Chan-son vai - ne

De Sy - re - ne, Dont le ton est

trop en - chan-teur: Fa - ri-

boles, Mots fri - vo - les, Dont le

ton est trop en - chan-

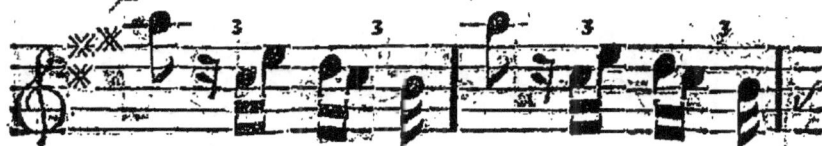

- teur; trop en-chan-teur, trop en-chan-

teur. Dans les, bois,

No. 2. ANDANTE.

Loin de son ber - gere er-

ran - te, Que fe - ra-t-il foi-

ble & trem - blan - te, U - ne bre-bis in - no-

cen-te? La pau - vret - te aux a-

bois, La pau-vret - te aux a - bois, aux a-

bois, S'é-ga- re à tra-vers les bois, S'é-ga-

re à tra-vers les bois: É-vi-te la dent cru-

el-le Du loup qui s'ap-pro-che

d'el-le; En-fin feu-let-te... te Cette pau-

vret-... te, Cet-te pau-vret-te Pal-pi-

tant s'é-chap-pe-ra; En-fin feu-

let-te Cet-te pau-vret-te, Pal-pi-

D iv

tant s'é-

chap-pe-ra; Pal-pi-tant s'é-

chap-pe-ra. Loin de

son ber-ger er-ran-te,

Que fe-ra foi-ble & trem-

blan-te, U-ne bre-bis

in-no-cen-te. La pau-

vret-te aux a-bois, La pau-vret-te

aux a-bois, aux a-bois, S'é-ga-

re à tra-vers les bois, S'é-ga-re à tra-

vers les bois; É-vi-te la dent cru-

-el-le Du loup qui s'ap-pro-che

d'el-le, Du loup qui s'ap-pro-che

d'elle: En-fin feu-let-te, Cet-te pau-

vret-te, Pal - pi - tant s'é - chap - pe -

ra; En - fin seu - let - te Cet - te pau -

vret - te, Pal - pi - tant - - -

- - - s'é - chap - pe - ra, Pal - pi-

tant s'é - chap - pe - ra.

N. 3. ALLEGRO.

En a - mour un tel hom - ma - ge,

Par - mi nous n'est point d'u - sa - ge;

On com - po - se son lan - ga - ge,

Ses ma - nié - res & son ton; Ses ma-

nié - res & son ton ; Re - gard

mainten - dre, jo - li sou - ri - re;

Main - tien hum - ble, charmant dé-

li - re; L'on sup - pli - e, l'on sou-

pi re, Voi là la bon ne fa-

çon; Voi là la bon ne, bon ne fa-

çon; Voi là la bon ne, bon ne fa-

çon; Un air gai, point de ru de fe, Point de

ges te, qui nous blef fe; Qui nous bleffe, qui nous

bleffe; L'A-mour veut qu'on le car-

ef fe; Si l'on veut l'ê tre à fon

son tour, Il faut car-res-ser l'A-mour, Si l'on

veut l'ê-tre à son tour, En a-mour un

tel hom - ma - ge, Par - mi - nous n'est

point d'u - - sa - ge, On com - po - se

à son lan - ga - ge, On com - po - se

en son lan - ga - ge, Ses ma - niè - res

à son ton - ais - U Re-gard ten - dre,

Jo-li sou-ri-re; Main-tien

hum-ble, char-mant dé-li-re;

L'on su-pli-e, L'on sou-pi-re;

Voi-là la bon-ne fa-çon;

Voi-là la bon-ne, bon-ne fa-

çon: Voi-là la bon-ne

bon-ne fa-çon: Un air gai, point de ru-

def - fe, Point de gef - te - qui nous

blef - fe, Point de gef - te qui nous

bleffe; Oui, l'A-mour veut qu'on le car-

ref - fe, Si l'on veut l'ê-tre à fon tour;

L'A-mour veut qu'on le car-ref-fe,

Si l'on veut l'ê-tre à fon tour: Il faut

car - ref - fer l'A - mour, Si l'on

veut l'ê-tre à fon tour, Si l'on

veut l'ê-tre à fon tour.

F I N.